UNE

PLANÈTE

EN JUGEMENT

ou

CONDAMNATION DU GLOBE DE LA TERRE

A ÊTRE POUR JAMAIS ANÉANTI

PROCÈS COMME TANT D'AUTRES PROCÈS

Extrait du journal le *Messager de l'Olympe*, et publié

PAR DOM POÉVILLIRIO

Ex-bachelier de Salamanque

Aliquid ad publicam utilitatem afferendam.

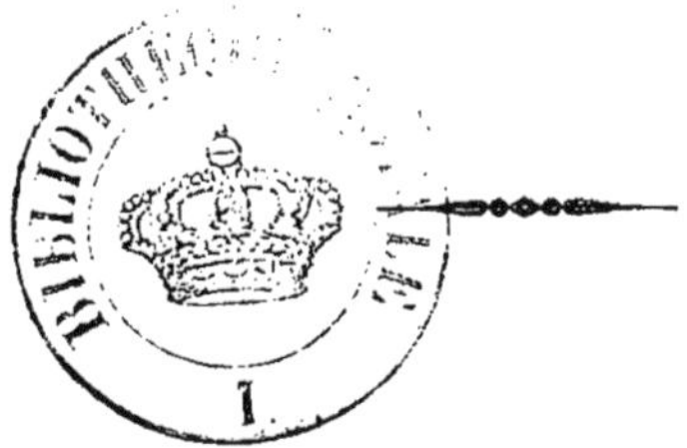

PARIS

CHEZ LES MARCHANDS DE NOUVEAUTÉS

—

1842

DEUX MOTS D'EXPLICATION

DES ÉDITEURS

Le spirituel rédacteur du journal le CHA-
RIVARI disait l'autre jour (le 6 janvier courant), et bien à raison : Le procès se multiplie,
le procès nous encombre, le procès pullule.
Il y a plus de procès politiques, à l'heure où
j'écris, que de grains de sable dans le désert
africain, et de blancs dans la liste d'abon-
nés du *Constitutionnel*, autre espèce de
désert, etc., etc.

En effet, et par les temps qui courent, on
ne voit, on n'entend parler que de procès
et de jugements en tout genre. Partout, des

avocats en haleine, des parquets en émoi, des procureurs du fisc en travail de réquisitoires, et, par une conséquence inévitable, des essaims de greffiers qui, du matin au soir, sont tout affairés à enfanter des volumes d'écriture. C'est une vogue, une rage, une manie, un mal épidémique, qui se répand partout, qui n'en finit plus, qui mène on ne sait pas où, et qui donne bien à penser, même aux plus insouciantes et aux plus paresseuses des têtes soi-disant pensantes de notre vieille Europe, réduites à être les témoins plaintifs ou les victimes éplorées de ce débordement d'activité presque universel des hautes et basses cours de justice du continent.

On voit d'une autre part (qu'on nous permette ce rapprochement de deux objets qui semblent au premier abord être fort disparates, mais qui pourtant ne le sont pas trop, à cause particulièrement de leurs conséquences), on voit, disons-nous, des réunions plus ou moins nombreuses de jésuites se remuer de tout côté, ajouter efforts à efforts, et réunir intrigues à intrigues, pour tâcher de ressaisir un pouvoir ou au moins un crédit qui leur a bien deux ou trois fois échappé, et que, si l'on n'y prend garde, ils réussiront, à force d'entêtement et de persévérance, et malgré la Révolution de 1830 et les incessants progrès du siècle, à rattraper.

Qu'adviendra-t-il, on demandera peut-être, de tout cet embrouillamini, et quel sera le résultat de tant de soucis ? Il en adviendra, entre autres choses et selon toute probabilité, que dorénavant des enfants de famille qui aspireront à percer dans le monde, que d'honnêtes gens qui désireront s'assurer, sans beaucoup de peine et à défaut d'autres occupations, des moyens d'existence durables, n'auront, pour y parvenir, qu'à devenir des scribes du greffe ou des suppôts de la justice, ou bien qu'à endosser la soutane des loyolistes et se retirer végéter tranquillement dans quelqu'un de leurs pieux repaires, déjà construits ou prêts à l'être. En se mettant à l'abri d'un parquet ou d'un monastère, ils pourront être sûrs de manger du pain, de mener des jours heureux et de se moquer de tous les imbécilles, moins bien avisés

qu'eux, qui les entourent; et cela en dépit
de la tourmente des opinions, de l'acharne-
ment des partis, des empiètements du pouvoir et de l'égoïsme révoltant de l'époque
actuelle. Nous n'exagérons certes pas, et
personne, à ce que nous pensons, n'aura
le droit de nous le reprocher, lorsqu'on
est tous les jours spectateur de ce qu'on
opère sur la moitié de notre hémisphère
pour en venir à ce point-là.

Mais ce qui est souverainement étrange,
ce qui doit exciter au plus haut degré l'é-
tonnement et l'attention de tout le monde,
et qui tombe, on ne saurait mieux, à l'ap-
pui de l'observation du *Charivari*, c'est
que cette manie de grimoires et de procès dont notre pays est depuis quelques
mois travaillé, que cette espèce de *cho-
léra* juridique, s'il est donné de s'exprimer
de la sorte, a étendu son influence fort au
loin, et gagné des régions qui sont tout
autres que nos régions; qu'il ne s'agit point
de débats en simple ligne civile ou correc-
tionnelle, qui regarderaient les intérêts ma-
tériels ou la conduite morale de quinze, de

vingt, de trente, de cinquante individus ; mais bien d'un procès de haute législation pénale, qui menace l'existence d'un *milliard* plus ou moins de coupables, de tout âge, de tout sexe, de toute condition, de toute opinion. Communistes, égalitaires, démocrates, aristocrates, royalistes, légitimistes, dynastiques, républicains, indifférents, tous sont impliqués dans le réseau de ce grand procès, et sur la tête de tous indistinctement plane le glaive terrible de la justice, prêt à en accomplir la destruction. Nos procès ordinaires, par rapport à celui-ci, ne doivent être regardés que comme des jeux d'enfant, propres tout au plus à mettre en jeu l'éloquence de quelques avocats chicaneurs, ou à exercer la verve de quelques procureurs généraux ambitieux.

Et qu'on n'aille pas nous dire que nous inventons des fantômes, dont nous agrandissons à plaisir les formes ou les forces, pour donner un air d'importance à nos assertions. Nous parlons de faits positifs ; et pour le prouver, et éloigner en même temps de nous toute espèce de soupçon de supercherie à cet égard, nous nous empressons d'engager les gens éclairés à jeter un coup d'œil sur la pièce qui suit, et que son rédacteur a bien voulu nous transmettre, avec l'invitation ou la permission de la rendre publique si cela nous convenait. Elle est courte, précise, péremptoire, et nous la donnons ici telle qu'on nous l'a envoyée, sans nous permettre d'y ajouter ou d'en retrancher un mot, une syllabe, une virgule, et beaucoup moins encore de l'affubler d'une note, d'un appendice, d'une dilucidation ou amplification quelconque, à l'effet d'en pallier l'invraisemblance, d'en relever l'à-propos, d'en rehausser le mérite ou d'en justifier le but. Nous laissons aux lecteurs la liberté de la parcourir à leur aise, sans aucune influence de notre part, et d'en porter ensuite le jugement qu'ils croiront, dans leur conscience, lui être applicable. Nous aurions craint de manquer à la bonne foi et d'être accusé de partialité en agissant autrement.

UNE PLANÈTE

EN JUGEMENT,

FAIT CONSIGNÉ DANS LES N°s 54748000 ET
SUIVANTS DU MESSAGER DE L'OLYMPE.

Encore un procès éclatant, encore des plaintes et des griefs contre je ne sais qui et sur je ne sais quoi; encore des plaidoyers et des débats!... A cette annonce il me paraît aussitôt voir une foule d'avocats et de procureurs se mettre en mouvement et offrir à l'envi leurs services, ainsi qu'une tourbe de greffiers, d'huissiers et de scribes faméliques s'apprêter à griffonner des tas de papier timbré, à rédiger des actes volumineux et à extorquer dans le même temps force argent aux plaideurs égarés et en fureur. Il me semble aussi d'un autre côté remarquer des procureurs généraux, en grandes robes rouges et en toques, se préparer gravement à accoucher de grimoires ou réquisitoires, bien longs, bien formulés, bien entortillés, peu importe qu'ils n'aient pas le sens commun, qu'ils heurtent tout principe de justice ou blessent toute règle de bienséance sociale, pour prouver que le noir est blanc ou le blanc noir.

Tout doucement, Messieurs, tout doucement, me permets-je, à ce spectacle, de m'écrier de ma grêle voix. Avant que de s'échauffer la bile, de s'aigrir le sang, de se laisser vider la bourse par les suppôts du greffe, ce qui n'est pas trop agréable pour de malheureux pères de famille ou d'honnêtes gens, ou bien de donner prise aux *ergotages* fort peu logiques, mais toujours portant coup, des avocats du pouvoir, voyons un peu, s'il vous plaît, ce dont il est question. Peut-être réussira-t-on à redresser les griefs et à donner ample satisfaction aux parties qui se croiraient lésées, en voie économique et sans qu'il en coûte ni une douleur de tête ni un liard à personne : s'il s'agissait d'ailleurs de quelque procès politique, et il n'y en a pas peu par la triste époque où nous en sommes, encore pourrait-on s'expliquer, donner des raisons, distinguer entre les différentes intentions, qualifications, complicités, tendances, et que sais-je !.....

Mais, qu'est-ce que vous nous chantez-là, Monsieur, et de quoi vous mêlez-vous, en grâce? dit, en m'interrompant, quelqu'un qui me regarde fixement entre les deux sourcils et me rit au nez. Politique, voies économiques, redressement de griefs, tendances, réquisitoires dénués de sens commun, etc.! A quoi bon tout ce verbiage patelin et cette bienveillance hors de propos? Croyez-vous donc tout bonnement que l'affaire dont on parle se traite ici-bas et soit du ressort de nos tribunaux, de nos jurys, de nos assises ou de nos cours prévôtales ? Oh! que vous êtes dans l'erreur! Le procès ne s'agite rien moins que dans l'Olympe, et c'est devant le tribunal suprême de Jupiter que les plaideurs ou les prévenus, si mieux vous voulez, sont sommés de paraître à la première séance. On veut sans doute mettre le holà à la grande exaltation d'esprit actuelle, et en finir une fois pour toujours de la complication, de la multiplicité désormais asso-mante de tant de petits procès absurdes, ridicules ou dégoûtants dont nous sommes maintenant obsé-dés et étourdis de tout côté, par le spectacle frap-pant d'un PROCÈS-MONSTRE, dont les effets soient de réduire infailliblement tout le monde à l'ordre et au silence.

A cette étrange nouvelle, j'ouvre de grands yeux hagards, et sur ce que je demande encore une fois qu'on ait la bonté de me mettre au courant de la ques-tion, on daigne, pour tout éclaircissement, me prêter quelques numéros du *Journal Olympique,* qu'on re-çoit tous les quinze jours au grand cabinet de lecture de la rue *Trousse-Vaches*, à Paris. Je les parcours avidement ; et voilà, en résumé, les débats qu'on y rapporte, et qui produisent déjà une grande rumeur dans toutes les coteries des mondes surlu-naires et sublunaires de notre système astronomi-que. Ce qu'on va lire n'est que l'extrait que la duegne, propriétaire du cabinet, veut bien tolérer que je fasse de ces journaux.

Les habitants des deux ou trois mille planètes qui, à la suite des grands astres, roulent dans l'espace immense de l'éther, et dont nos astronomes, malgré la prétendue perfection de leurs lunettes en verres à la *Flintglass* et à la *Crownglass,* ne sont encore arrivés à apercevoir qu'une vingtaine ou trentaine seulement, ont porté plainte devant le chef des Immortels, de ce que ceux de la plus chétive et de la plus méprisable d'entre elles, nonobstant l'expansion toujours croissante des lumières et les efforts constants de quelques hommes de génie, ne se soucient guère de sortir de leur barbarie primitive, et semblent au contraire se plaire à s'y embourber toujours davantage, et à vivre dans le même abrutissement, les mêmes turpitudes et les mêmes crimes dont on les voyait souillés il y a dix ou douze siècles, tandis qu'eux (les habitants des autres planètes) sont si bien avancés dans la culture de l'esprit, la perfection des mœurs, la connaissance de tout ce qu'on peut savoir, et l'exécution de tout ce qu'on peut opérer de noble, de vertueux ou d'utile dans la société ; qu'ils se croient par conséquent, et dans l'intérêt de leur propre réputation, en droit de faire instance pour que la foudre du ciel tombe sur ces barbares et les anéantisse tous avec leur patrie abominable, et qu'il n'en reste plus vestige ni mémoire dans les siècles à venir... Mais quelle est donc cette malheureuse planète ? demande-t-on. C'est la *Terre !* c'est la *Terre !* répond-on de tout côté.

Le Recteur des cieux, fort équitable et très-rigide dans sesjuge ments, ne saurait refuser de faire droit à une requête si péremptoire et qui est appuyée d'une infinité de documents irrécusables ; mais il se souvient en même temps d'avoir autrefois été un des habitants de cette même planète, d'y avoir été élevé et nourri de lait de chèvre dans un antre du mont Argéen en Crète ; d'y avoir tenté et exécuté force exploits en amour; d'y avoir, de bonne volonté ou à l'aide de diverses transformations, eu commerce avec un grand nombre de femmes et de filles, et de leur avoir fait des milliers d'enfants. Peut-être une infinité de descendants de ces enfants est maintenant au nombre des coupables qu'on lui dénonce, et par conséquent, s'il se résoud à punir la généralité des hommes, il court risque de sévir contre son propre sang. Il sent dans le cœur un combat terrible entre sa sévérité comme juge et sa tendresse comme père. Il est indécis, embarrassé, inquiet ; il ne sait que dire, que faire, quel parti prendre. Cependant il faut qu'il en prenne un, et que, pour le bon ordre, il donne des exemples. Toute la cour céleste a les yeux fixés sur lui, et il ne convient pas au monarque de l'Olympe de faire paraître aucune marque de faiblesse ou de partialité, qui pourrait amener des suites dangereuses. Jupiter donc, après quelque perplexité, rassemble son conseil, occupe le fauteuil, et ayant Astrée à sa droite, Némésis à sa gauche, et l'aigle avec des foudres étincelantes à ses pieds, il ordonne à Mercure, en sa qualité de juge-rapporteur au tribunal suprême, de donner lecture de l'acte d'accusation.

Le dieu des larrons et des avocats brouillons déroule alors une paperasse immense, où tous les habitants de la Terre sont classés par nations, et il commence, comme on s'en doute bien, par l'Europe et par son nord.

Russie. — « Les peuples de ce vaste Empire sont accusés d'être encore la plupart à demi-barbares, malgré les soins que plusieurs de leurs czars et de leurs czarines se sont donnés pour les décrotter, les policer et les mettre à l'unisson avec les autres Européens ; de ne pas vouloir voyager pour s'instruire, ni permettre trop aisément aux étrangers de pénétrer sur leurs terres, pour y apporter le flambeau des sciences et la règle des arts ; d'avoir eu l'audace de se révolter contre leurs maîtres, et d'avoir causé l'effusion de beaucoup de sang humain pour conserver quelques vilaines barbes et quelques moustaches, qui rendaient leurs figures aussi hideuses que leurs mœurs l'étaient il y a à peine cent ans ; de perpétuer, à la honte du siècle où nous sommes, l'esclavage de la *glèbe*, et de compter au milieu d'eux des centaines de milliers de malheureux, qui sont des serfs encloués à cette glèbe, tandis que dans presque tout le reste de l'Europe on n'en voit plus aucun ; de s'obstiner à empiéter sur les droits d'une nation limitrophe, qui fut jadis leur maîtresse et libre jusqu'à l'autre jour, et d'avoir l'effronterie de la leurrer d'un fantôme d'indépendance qui fait rire ; de s'entêter surtout à ne vouloir réaliser, des nombreux paradoxes sortis de la plume féconde d'un certain philosophe de Genève, qu'un seul, savoir que les Tartares feront un jour ou l'autre la conquête de l'Europe, et de multiplier par conséquent leurs efforts pour s'éten-dre du côté méridional de ce continent, tandis qu'ils ont derrière eux les plaines immenses de l'Asie, qu'il s pourraient, sans beaucoup de peine, peupler, cultiver et rendre à leur antique civilité...» Le père des dieux se bouche les oreilles d'horreur en entendant des abominations pareilles, et fait signe à Mercure de passer outre.

ALLEMAGNE. — « Les Teutons ou Tudesques d'au-jourd'hui, s'ils ne sont plus les Germains agrestes du temps de Tacite, n'ont plus aussi la simplicité de mœurs et la franchise de manières de leurs an-cêtres. Leurs systèmes d'éducation et d'enseigne-ment, aussi durs que leur langue et aussi pesants que la généralité de leurs têtes, ne leur permettant que l'étude d'une métaphysique obscure et inin-telligible, ou d'une théologie encore plus obscure,

absurde et inextricable, ne les mènent qu'à devenir
des pédants grossiers, intolérants et intolérables.
Leur diplomatie, presque aussi surannée que la
création, ne les rend propres non plus à aucune
nouveauté, à aucun changement, à aucune amélio-
ration en politique ; et tandis que les idées libérales
font le tour du globe ; contents chez eux de leur
nombreux baronnage, de leurs quartiers de noblesse, de leurs angaires et pérangaires, et de leur
chou-krout , ils seraient portés à croire être une
des nations les plus florissantes et les plus heureuses
de la terre, si une jeunesse remuante et pleine
d'ardeur pour un meilleur ordre de choses, ne les
inquiétait parfois, et si des esprits supérieurs, qui
ne manquent pas de temps en temps de s'élever au
milieu d'eux, ne leur faisaient assez connaître que ce
meilleur ordre est incompatible avec l'obscuran-
tisme de leurs écoles et la suzeraineté de tant de
petits princes, margraves , ducs et comtes, dont
ils ont au moins un pour chaque vingt ou trente
familles. D'un autre côté, et par une étrange anti-
thèse, s'ils haïssent par système les idées libérales,
ils sont fous par imitation des arts libéraux ; et,
quoique Apollon leur ait refusé le don d'une
imagination brillante et d'un goût exquis, ils ne
cessent de singer, dans les œuvres de l'esprit et de
la main, les Italiens et les Français, à qui ces qualités sont communes et presque naturelles. Pour ce
qui concerne leur culte, on n'ignore pas les guerres

d'extermination que, pendant cinquante ou soixante ans, ils se sont faites entre eux, pour savoir si l'on devait ou l'on ne devait pas obéir, quant à certains points de la discipline de ce culte, à un évêque de l'Italie, ainsi que les torrents de sang qu'ils ont eu la folie atroce de répandre pour une bulle de plus ou de moins que cet évêque, avec lequel ils ont toujours été en opposition et en discorde, avait l'entêtement de vouloir leur envoyer. Mais ce qui est révoltant plus que toute autre chose et qui mérite une punition exemplaire, c'est la manie qu'ils ont toujours eue, depuis les temps de Marius et de Sylla jusqu'à nos jours, de franchir la barrière des Alpes pour aller à main armée ravager cette belle Italie, aux habitants spirituels de laquelle ils étaient en horreur, et y boire, dans le dégoût de leur cidre et de leurs bières fortes, le montefiascone, le monte-pulciano, le lambrusque de Sorbare, le polagrello, le lacryma-Christi, le muscat de Gérace et les autres excellents vins dont cette presqu'île abonde, quoique cette manie leur ait parfois coûté cher, et que les cabarets se soient souvent changés pour eux en cimetières. . . . . » C'en est assez, c'en est assez de ces rustres Teutons, interrompt Astrée de son tabouret : allez en avant.

ANGLETERRE. — « Terre consacrée à la liberté ! Mais que de crimes, que de massacres, que de trahisons, que d'horreurs pour recouvrer cette liberté, la dé-

fendre, la ravir, la reconquérir encore ! On y a
vu des guerres politiques mêlées à des guerres de
religion, l'orgueil des oppresseurs toujours en lutte
avec le désespoir des opprimés, et une intolérance
atrabilaire faisant monter par milliers, même dans
ces derniers temps, les citoyens sur l'échafaud.
Et puis, que dire des lois qui régissent l'empire de
la Grande-Bretagne, lois qui sont, particulièrement
les pénales, en parfaite contradiction avec la prétendue philanthropie et la sagesse dont la généralité
de ses habitants se vante ; lois qui sont si compâtis-
santes envers les bêtes et si cruelles envers les hommes, de la vie desquels elles semblent se faire un
jeu ; lois qui permettent ou au moins tolèrent que
la plus belle moitié de la nation soit, à l'occasion,
traitée comme les bêtes elles-mêmes, chaque mari
ayant le droit de traîner, la corde au cou, sa femme, réputée infidèle ou méchante, au marché public, pour y être vendue contre quelques pièces de
monnaie au premier passant qui en voudra ; lois
enfin qui, au lieu de prévenir les crimes, comme
c'est le but de toute sage loi, semblent en quelque
sorte les encourager, pour ensuite les punir avec
une sévérité qui fait frémir ? Comment excuser
d'ailleurs les modernes Bretons sur la disproportion
immense qu'on remarque entre la fortune de quelques uns d'entre eux et celle du bas peuple en général ; sur le luxe et les prodigalités de plusieurs
de leurs *lords* et de leurs évêques, qui, par suite

de cette disproportion favorisée par les lois, ont
en rentes deux, trois et quatre fois plus qu'un ba-
ron ou un comte allemand n'a en capital, tandis
que l'ainsi nommée *taxe des pauvres*, quoique pro-
duisant beaucoup, ne suffit guère pour donner du
pain à de milliers de leurs compatriotes mourant de
faim ; sur leur manie pour les paris, les chevaux,
les jockeys et les chasses; sur le plaisir insensé qu'ils
éprouvent à voir, à admirer, à encourager, à su-
périeurement bien payer . . . . quoi ? des combats de coqs ? Comment les disculper, d'un autre
côté, de l'oppression sous laquelle ils font gémir
leurs infortunés frères les Irlandais, dont toute la
faute est d'être dissidents en quelques articles de leur
culte religieux, ainsi que du joug horrible qu'ils
font peser sur leurs colonies, joug que celles de
l'Amérique Septentrionale ont déjà heureusement
secoué, et que tout porte à croire que les autres,
et surtout celles des Grandes-Indes, ne tardeont
pas longtemps à secouer aussi ? Comment pallier
le ton de morgue et de jactance qu'ils osent prendre
vis-à-vis des autres peuples, auxquels ils ont la
présomption de se croire supérieurs, eux qui n'é-
taient que des marchands de charbon et des écu-
meurs de mer, il n'y a pas encore trois ou quatre
siècles ? leur politique tortueuse et á double sens,
qui se plaît à souffler la discorde et à allumer le
feu de la guerre chez toutes les nations, pour les
diviser d'intérêt, leur en imposer davantage, les

sucer de mille manières, et en tirer tous les profits possibles? leur prétendue domination universelle sur les mers, leurs droits exclusifs, leurs monopoles, leurs vexations et leurs pirateries? Ce serait à n'en jamais finir, si l'on voulait passer en revue tous les excès auxquels ces insulaires, forts de la faveur de Neptune et de Plutus, et fiers de leurs *guinées*, se permettent de se livrer, même aujourd'hui, excès qui ont irrité la généralité des esprits, et provoqué contre eux tant de plaintes de tous les coins de la terre. »

FRANCE. — « Nous voilà, dit le juge rapporteur, sur les bords de la Seine, du Rhône et de la Garonne. Je te salue, peuple aimable et généreux, et j'honore tes bonnes qualités autant qu'elles le méritent! Mais je ne puis pas m'empêcher, malgré la protection que Mars et Vénus, ici présents, veulent bien t'accorder, de dire, devant ce tribunal redoutable, la vérité sur les torts qu'on t'impute. Pardon! c'est la place que j'occupe, et non pas mon cœur, qui me rend ici l'interprète des sentiments de tes détracteurs. Je passe volontiers sous silence tes innombrables folies, tes étourderies, tes inconséquences, tes ridicules en tout genre; je ne rappelle point au souvenir de cette cour auguste tes ligueurs, tes *frondeurs*, tes massacreurs barthélemiens, qui profanèrent jadis ton pays et le souillèrent de tant de crimes; je ne dis pas mot de tes *barricades*, de tes *dragonnades*, de tes turlupinades, tantôt sanguinaires, tantôt risibles ; ni de tes cruautés ou injustices contre les Ramus, les Dubourg, les Montmorency, les Calas, les Sirven, etc. ; je veux encore être indulgent sur ton jansénisme et ton molinisme, sur tes quiétistes et tes convulsionnaires, sur ton saint Paris et ton saint Médard, sur ta Sorbonne, ton Richelieu, ton Lachaise et tes nombreux disputeurs sur le *quisquis* et le *quamquam :* mais je me rendrais coupable d'une partialité révoltante, et je me croirais indigne de siéger à la grande curie de l'Olympe, si je voulais me taire sur le délire qui t'a possédé pendant les dernières quarante années de ta vie politique. Eh quoi ! tu n'as fait une révolution mémorable, tu n'as traduit ton malheureux roi sur un échafaud, tu ne t'es déclaré libre et républicain à la face de l'univers, tu n'as répandu le sang de trois cent mille citoyens et d'un million d'étrangers, tu n'as ébloui la terre de l'éclat de tes exploits et du bruit de tes victoires, que pour te livrer sept ou huit ans après à la merci d'un soldat de fortune que tu avais fait grand, pour te rendre son esclave et la victime ou le complice de son ambition démesurée, et pour revenir, après douze ou quinze autres années, presqu'au même point dont tu t'étais élancé avec tant de précipitation et d'ardeur ! Ton enthousiasme, éphémère comme tes projets, une fois éteint, on a vu avec étonnement des hordes ennemies venir fouler à leurs pieds un sol que tu avais voué à la liberté et à la gloire, reprendre l'or et les monuments des arts que tu avais injustement ravis aux autres nations, et te dicter des lois, de la même manière que tu t'étais plu à le faire des bords du Tage à ceux du Niester, et de l'embouchure de la Vistule aux pyramides d'Égypte. On est par là porté à conclure que tu as été trop léger dans tes idées, trop précipité dans tes projets, trop inconséquent dans tes opérations, trop confiant dans tes succès, trop abattu, peut-être, dans tes revers. Avec une conduite plus ferme et constante, et ayant devant les yeux l'exemple de tes anciens maîtres les Romains, tu aurais pu sans doute, moins par la force des armes, qui n'agit pas toujours, que par celle de la prudence et de la sagesse, qui est éternelle, imprimer un nouveau mouvement au monde civilisé, donner un grand essor aux principes libéraux, améliorer de beaucoup le sort des peuples, et, te mettant à la tête d'une régénération générale, te faire une renommée immortelle. Mais non, tu as faibli et t'es arrêté au beau milieu de ta carrière ! Te repentant presque des projets généreux que, dans ton premier élan, tu avais conçu, tu y as renoncé ; sacrifiant à tes mesquines personnalités, à tes vengeances puériles, les grands intérêts de la patrie, tu n'as pas craint de compromettre ton honneur vis-à-vis des autres peuples, qui auraient aimé à te prendre pour modèle et pour guide dans le chemin de la liberté et de la gloire ; et, fatigué, pour ainsi dire, du poids des vertus que tu avais empruntées aux élèves de Lycurgue et de Solon, tu t'es vite assoupi sur tes lauriers flétris, en cédant peut-être l'accomplissement de ces mêmes projets à ton rival d'Albion, qui, d'après toutes les apparences, pourra bien, s'il le veut et si on lui en donne le temps, s'en attribuer tout le mérite et s'en approprier même tous les avantages. Tu n'es donc pas digne que, par égard pour toi, le tribunal refuse de prononcer l'arrêt, déjà provoqué et imploré, de la destruction générale de la planète terrestre, et tu auras infailliblement le malheur d'y être compris avec tous les autres peuples qui l'habitent. »

Italie. — « Que messieurs les Italiens s'approchent : leur tour est venu, dit Mercure en continuant de lire sa paperasse. Qu'ont-ils à dire pour leur excuse de ce qu'on ne reconnaît plus l'Italie dans l'Italie elle-même ? Leur antique liberté, dont ils étaient si jaloux, comment s'est-elle perdue ? Leur gloire acquise au prix de tant de sang et de sacrifices, comment s'est-elle éclipsée ? Leurs villes fédérales, leurs colonies, leurs légions invincibles, où sont-elles ? Leurs sénateurs, leurs consuls, leurs tribuns, les défenseurs de leurs franchises, qu'en ont-ils fait ? Leur Capitole, leurs cirques, leurs arcs-de-triomphe, leurs grandes routes militaires, leurs monuments de beaux-arts, que sont-ils de—

venus ? Au lieu d'une république unie et puissante, qui s'étendait des Alpes rhétiennes jusqu'au promontoire de Scylle, et qui donnait des lois à la moitié de la terre, on a maintenant le regret de voir cette presqu'île célèbre morcelée en six ou sept plus ou moins petits États, dont deux, par un malheur inconcevable, sont au pouvoir de ces rustres Teutons qu'on a nommés plus haut, et un autre, avec la ville centrale elle-même, végète pieusement sous le sceptre d'un prêtre-roi. Ses habitants, mous, paresseux, efféminés, sans vertus, sans énergie, sans ressources au dedans, dans un pays qui pourrait leur en offrir cent mille, sans considération au dehors, pour un pays qui en exigea et en mérita toujours, s'occupant de petits intérêts et de petites intrigues, se déchirant entre eux pour des querelles futiles, se reprochant réciproquement et avec une érudition pédantesque la barbarie de leurs jargons respectifs, et un grand nombre ayant la manie de vouloir s'exprimer de la manière que faisaient leurs ancêtres, lorsque leur langue, moitié latine, moitié slave, visigothe ou lombarde, était encore au berceau ; léchant continuellement les mains qui les frappent, les appauvrissent de plus en plus et les accablent de chaînes ; composant des poèmes, chantant et dansant, quand il leur conviendrait de pleurer sur leur nullité politique ; et fiers uniquement de la grande quantité de leurs prêtres, de leurs couvents, de leurs madones et de leurs musiciens, ils ont l'air d'avoir tout-à-fait oublié qu'ils furent jadis une nation illustre, aguerrie et conquérante ; que malgré les fréquentes invasions des Barbares du Nord, qui vinrent éteindre le feu sacré de leur liberté, ils en conservèrent encore quelques étincelles dans leurs républiques du moyen âge ; qu'ils firent, du temps des *croisades*, le commerce des mers, et furent les pourvoyeurs des autres nations, de même qu'ils en avaient autrefois été les dominateurs ou les arbitres ; et qu'enfin, et jusqu'à l'autre jour, deux de ces républiques, avec celles de l'Helvétie et de la Batavie, furent les seules en Europe qui, à travers mille vicissitudes politiques, réussirent à garder leur indépendance et à tenir la tête haute, tandis que la plupart des autres États étaient courbés sous des jougs de fer plus ou moins tyranniques et dégradants.

» Mais de tous les peuples de l'Italie, continue le juge rapporteur, ceux qui paraissent être le plus à blâmer et les moins excusables, ce sont assurément les Napolitains. L'exemple terrible que le despotisme leur avait donné, en 1799, de sa réaction et de ses vengeances sanguinaires, aurait dû les porter à en agir avec plus de circonspection, et à ne pas se hasarder imprudemment aux chances d'une seconde révolution, plus prématurée, peut-être, et plus éphémère que la première, ou bien à faire tous leurs efforts pour dignement la soutenir. Mais non : ils s'organisèrent sans ordre, comme ils s'étaient mis en révolte sans prévoyance et sans conseil ; ils compromirent le sort des autres peuples de la péninsule, et particulièrement celui des braves Piémontais et des Lombards, qui s'étaient montrés enclins à les seconder dans leur entreprise, d'abord généreuse, et puis folle et inconséquente ; ils attirèrent sur eux l'indignation des monarques du Nord, qui craignaient, et à juste titre, que la contagion révolutionnaire n'atteignît leurs États ; et lorsque toute l'Europe, les yeux fixés sur eux, s'attendait à voir que les Napolitains, à l'approche des hordes teutoniques, tant de fois battues sur les terres italiennes, auraient fait bonne contenance, ou en auraient au moins affronté le premier choc avec une certaine fermeté, pour donner ainsi le temps à leur alliés secrets d'opérer une diversion utile sur les derrières de l'ennemi, leurs prétendues légions, levées et organisées à la hâte, sans livrer un combat qui fût de quelqu'importance, sans attendre de pied ferme les envahisseurs aux Thermopyles de leur pays, se débandèrent de toute part et s'enfuirent précipitamment dans leurs foyers. On ne connaît que trop les suites funestes que cette défection inattendue, et à laquelle on ne voulut pas longtemps ajouter foi, amena avec elle, ainsi que les nouvelles humiliations, oppressions et spoliations auxquelles la malheureuse Italie fut assujettie par un ennemi présomptueux et exigeant, qui, après avoir en quelque sorte, et pour ses arrière-pensées, fomenté la révolte, avait envahi le pays sans résistance et vaincu sans combattre. Le prétexte de la trahison de leurs généraux et de la perfidie de leurs chefs politiques ne suffit pas pour disculper la balourdise des révolutionnaires de Naples ; car, instruits par les leçons de l'histoire et l'expérience du passé, ils auraient dû mieux choisir les premiers, et avoir moins de confiance dans les seconds, sans se faire entraîner au précipice par l'enthousiasme momentané de leurs jeunes gens inexperts, ou s'en laisser imposer par le bavardage de cinq ou six de leurs harangueurs parlementaires, brouillons ou traîtres à la patrie. D'après tout cela, on ne peut pas s'empêcher d'avouer que les Napolitains sont, moins qu'aucun autre peuple de l'Italie, dignes de considération, et qu'ils méritent, au contraire, d'être à jamais exterminés. »

Toute la cour céleste applaudit de la voix et des mains à cette conclusion du juge rapporteur. Le seul Apollon, protecteur des Italiens, montre quelque dépit ; mais on ne fait guère attention à lui, et l'on se met à écouter la suite de l'acte d'accusation.

Espagne. — « Les graves Espagnols viennent de sortir d'une révolution et d'une guerre civile qui a fort peu d'exemples dans les fastes des nations civilisées ; et ce qu'il y a de plus déplorable, c'est qu'elle n'est pas encore bien assoupie, car le feu couve sous la cendre. Leur histoire est à la vérité,

depuis plusieurs siècles , pleine d'évènements qui
sont loin de tourner tous à leur honneur ; mais, en
faveur de quelques qualités fort louables, on avait
bien voulu leur pardonner l'expulsion des Maures ,
qui les avaient depuis longtemps enrichis de leur
industrie, l'injustice et l'ingratitude avec lesquelles
ils traitèrent l'illustre et infortuné Génois qui leur
avait ouvert la source d'une opulence dont ils
n'avaient jamais joui jusqu'alors ; l'avarice qui
les poussa à commettre tant de cruautés dans le
Nouveau-Monde ; les meutes de dogues qu'ils y
apportèrent, pour en déchirer, en égorger les presque nus et paisibles habitants , qu'ils ne croyaient
pas mériter le nom d'hommes ; les oppressions
et les atrocités exercées contre les malheureux
Belges , qui étaient coupables seulement de ne
pas vouloir s'assujettir au joug sanguinaire des
prêtres , ainsi qu'à des taxes arbitraires qu'ils
étaient hors d'état de payer ; les bûchers qu'ils per-
mirent à leurs inquisiteurs d'allumer dans tous les
coins de leurs vastes possessions, pour y brûler de
prétendus hérétiques ou des incrédules , comme si
l'on pouvait impunément, et sans une mission précise, s'ériger en vengeur de l'Etre suprême, que
l'on peint et l'on est porté à regarder comme essen-
tiellement bon et indulgent envers ses créatures.
Dernièrement encore, dans la supposition qu'on
s'armait et l'on se battait pour la liberté et l'indépendance de la patrie, on avait fait grâce de leurs

innombrables torts à quelques milliers de leurs moines, qu'on avait vus, pendant la guerre de l'usurpation napoléonienne, paraître partout aux premières files des combattants, s'exposer à toutes les fatigues, à toutes les chances des batailles, et traîner même, à défaut de mulets, les pièces d'artillerie et les gros bagages des insurgés armés; et des écrivains enthousiastes, éblouis par tant d'exploits et par une résistance si soutenue et si généreuse, étaient allés jusqu'à proclamer la nation espagnole comme la plus vaillante et la plus héroïque de la terre. Mais, hélas! que les choses ont chez eux changé de face, et qu'ils ont terni ces belles épithètes dans les années suivantes! Ce n'est plus pour la défense de la liberté et de l'indépendance nationales qu'on a ensuite versé le sang des hommes sur le territoire espagnol, mais bien pour une dissension intestine excitée par le fanatisme politique et religieux. C'est ce fanatisme funeste qui y a allumé les torches de la discorde, qui a rompu tous les liens de la parenté, de l'amitié, de la subordination, tous les devoirs, toutes les convenances sociales; qui a armé le fils contre le père, le frère contre la sœur, l'ami contre l'ami, le pauvre contre le riche, le protégé contre le protecteur, le vassal contre le feudataire, le sujet contre le monarque lui-même. Les haines, les soupçons, les dénonciations, les calomnies, les trahisons et les assassinats y ont été mis, pour ainsi dire, à l'ordre du jour. Les sobriquets de *blancos*, de *negros*, d'*affran-cisados*, de *communeros*, de *descamisados*, d'*aggra-viados*, de *carlistes*, de *fernandistes*, de *constitution-nalistes*, de *fueristes*, etc., ont été prodigués aux in-dividus des différents partis qui se faisaient une guerre des plus acharnées ; et comme aucun de ces partis n'a eu toujours le dessus sur les autres, et que les chances ont été variables, les réactions et les massacres ont été continuels et on ne peut pas plus terribles. Actuellement, que l'aspect de ce pays est encore affligeant et lugubre ! On y voit les terres en friches, les villes dépeuplées et les campa-gnes désertes, les côtes de la mer à la merci des pi-rates et des contrebandiers, le commerce anéanti, le crédit perdu, les familles désolées et appauvries, les soldats déguénillés, les finances épuisées, un mi-nistère errant à tâtons dans un chaos de projets ex-travagants et d'emprunts, les uns plus ruineux que les autres ; et, pour surcroît de misère et d'oppro-bre, des bandes de moines insolents, qui veulent, malgré l'annulation de leurs ordres, recouvrer la to-talité des biens et de la puissance qu'ils avaient ja-dis, et une tourbe immense de fanatiques qui récla-ment à haute voix le renouvellement des *auto-da-fé* et le rétablissement de l'inquisition, qui repoussent toute idée de modération et de tolérance, et qui se déchaînent avec fureur contre tous ceux qui ont le courage de prêcher cette modération et cette tolé-rance. Est-ce là l'état où l'Espagne se trouvait il y a trois cents ans, lorsqu'elle comptait, pour des causes au moins nobles et généreuses, presqu'autant de héros que de guerriers? où celui seulement du commencement du xvie siècle, lorsque des galions énormes, richement chargés, venaient lui apporter les tributs et les trésors de l'Inde à l'Orient et de l'Inde à l'Occident, et qu'elle faisait sentir sa puissance d'un bout à l'autre de l'Europe?.....

Comme Jupiter laisse paraître quelqu'indice d'ennui sur la longueur du rapport, Mercure, ne voulant pas abuser de l'attention bénévole du conseil, supprime tout ce qui lui resterait à dire relativement aux autres petites nations de l'Europe, contre lesquelles il y a aussi des griefs fort graves, et il se borne à passer rapidement en revue les autres peuples de la terre.

Il parle des habitants de l'Amérique Septentrionale, et il leur reproche l'oubli qu'ils semblent avoir fait des leçons de sagesse et de modération que l'illustre Penn leur avait laissées; leurs agitations continuelles, leurs animosités réciproques, leurs intrigues sans fin, par rapport aux élections de leurs présidents; les anomalies de leurs différentes législations; la basse jalousie qu'ils ont de leurs compatriotes du Sud, qui viennent aussi de conquérir leur liberté, et des désastres desquels ils paraissent satisfaits, au lieu de les aider de toutes leurs forces à consolider chez eux une liberté si précieuse; leur aversion détestable à l'abolition de l'esclavage chez eux, qui se préconisent les hommes libres par excellence ; l'empressement qu'ils montrent en général à accumuler des richesses, sans trop se soucier de faire acquisition de vertus ; les pirateries auxquelles ils se permettent de temps en temps de se livrer dans les mers des Indes et sur les côtes de l'Asie, etc. Il blâme hautement les Américains méridionaux de ce qu'ils persistent à tenir en vigueur la traite des *nègres*, traite qui a soulevé bien des cœurs sensibles et a fait écrire, quoiqu'en pure perte, tant de volumes ; de la cruauté horrible avec laquelle ils en agissent avec leurs malheureux esclaves, qu'ils se permettent de maltraiter, de torturer, de mutiler de mille manières, sans réfléchir que ceux-ci sont aussi des hommes comme eux, et non pas des bêtes de somme, pour lesquelles on a peut-être plus de ménagements et d'égards ; de leurs superstitions insensées, fruit de la fourbe intéressée de prêtres qu'ils se plaisent à engraisser aux dépens de leurs familles, ainsi que de l'ignorance grossière dans laquelle ils croupissent, et dont la paresse et la débauche les empêchent de s'arracher.

Il parcourt intellectuellement les côtes septentrionales de l'Afrique, et il n'y rencontre que des repaires de brigands et de pirates barbares, presqu'aux mêmes lieux où l'on voyait jadis des États policés et florissants, et des villes considérables. Il s'enfonce dans l'intérieur de ce continent aride, et partout il voit des peuples en proie à toutes les horreurs que la stupidité, le manque d'éducation, la brutalité des mœurs et un fanatisme aveugle peuvent enfanter ; des peuples qui ne sont unis entre eux par aucun lien de voisinage et de co-nationalité ; des peuples qui se font une guerre continuelle et se livrent des combats sanguinaires dans l'unique but de s'enlever réciproquement des hommes pour les vendre comme esclaves aux marchands européens et américains ; des peuples plus ou moins infatués d'un fétichisme abominable, et dont quelques uns vont jusqu'à ériger en divinités des serpents, des tigres et des crocodiles, et à leur immoler des victimes humaines ; des peuples enfin qui ont en exécration les blancs (les Européens), qu'ils regardent comme une race d'hommes dégénérée et de beaucoup inférieure à la leur, et contre lesquels ils se croient par conséquent permis les vols, les trahisons, les assassinats et tous les tours de perfidie possibles.

Il arrive aux Indes, et qu'y voit-il ? des peuplades presque nues et se mourant de faim sur un sol qui n'attend que des mains pour y cueillir des productions très-abondantes, très-nourrissantes et presque spontanées ; d'autres qui, croyant que les ames de leurs parents et de leurs amis défunts sont passées animer des poux, des punaises, des moucherons et d'autres insectes dégoûtants, loin de détruire ceux-ci, s'en laissent pieusement dévorer, et

poussent leur démence jusqu'à entretenir des misé-
rables qui , pour quelques liards, s'assujettissent à
se faire ronger les chairs par cette vermine affa-
mée. Il trouve de vastes campagnes qui , pour les
mêmes principes de cette absurde métempsychose,
sont encombrées de bandes innombrables de re-
nards , de chiens sauvages , de singes , de rats ,
d'éperviers, de corbeaux, de chats-huants et d'autres animaux nuisibles, auxquels, au lieu de leur
faire une guerre d'extermination, les indigènes, qui
n'ont pas de quoi se nourrir eux-mêmes, apportent
régulièrement des repas tous les jours, et se donnent même la peine de les leur apprêter sur des
arbres ou sur d'autres emplacements commodes.
Il trouve ailleurs des bois peuplés par des animaux
à figure humaine (des fakirs) , dont quelques uns,
perchés comme des oiseaux sur des branches d'arbres ou sur des sommets de colonnes, y vivent
exposés nuit et jour à toutes les intempéries de l'at-
mosphère ; d'autres qui se tiennent constamment
courbés et les quatre pattes par terre, comme des
bêtes ; d'autres qui, chargés de chaînes énormes,
se traînent sur la poussière ; d'autres qui, dans une
immobilité stupide, se laissent emboucher par des
femmes pieuses, qui ensuite leur baisent dévote-
ment le prépuce pour la plus grande gloire de la
divinité ; d'autres enfin qui s'enfoncent des clous
et des couteaux dans les fesses, se déchirent et se
martyrisent de cent manières différentes, pour ainsi,

selon eux , expier les péchés du peuple , dont ils ont la témérité de se dire les médiateurs auprès du Grand Être. Il remarque quelque autre part des prêtres occupés à préparer, à allumer d'énormes bûchers pour y brûler, quoi ? de jeunes veuves éplorées , auxquelles ils ont l'impudence atroce de faire croire que c'est le sacrifice le plus agréable qu'elles puissent faire à leurs idoles et aux mânes de leurs maris trépassés.

Sont-ce là, dit Mercure, en se tournant du côté de Bacchus, d'Osiris et d'autres dieux, les peuples chez lesquels vous voyageâtes jadis pour en connaître les mœurs et en admirer la sagesse , et méritent-ils, ces peuples, de jouir de l'existence ? Puis, sans attendre leur réponse, il poursuit sa lecture, et fait mention des Chinois , auxquels il reproche leurs idoles monstrueuses ; leurs bonzes, aussi ignorants et intrigants que méprisables ; leur dédain insultant pour les étrangers, de qui ils tiennent bien des connaissances et des lumières ; leur fausse politesse et leurs perfidies ou jongleries sans nombre , leur prétention à l'antiquité la plus reculée, leur imperfectibilité intellectuelle, résultat de leur sot orgueil ; l'absurdité d'une grande quantité de leurs lois, l'extravagance de plusieurs de leurs mœurs et la barbarie de quelques uns de leurs usages, malgré que Confutzée ait été leur instituteur, etc. Il parle des Japonais, de leur parfait isolement au milieu des autres nations, de leur inhospitalité envers tout le monde, de leurs divisions intestines et de leurs guerres épouvantables par rapport au sacerdoce et à l'empire, des cruautés exercées contre les missionnaires européens qui allaient leur prêcher un culte de paix et de bienfaisance, de leur stoïcisme sauvage, de leur manie de se fendre le ventre à la plus petite mésaventure, etc. Il nomme aussi les Malais, les Tartares, les Samoyèdes, les Kamtschadales, les Lapons; et de tous il peint en abrégé la barbarie, les vices et les folies, tantôt atroces, tantôt ridicules, etc.

La lecture du rapport achevée, Némésis, remplissant les fonctions de ministère public, se lève, fait son réquisitoire et propose un décret conçu en ces termes : « Vu les réclamations et les instances répétées des habitants des deux ou trois mille planètes du système mondial contre ceux de la Terre; entendu le rapport du juge-commissaire, fortement appuyé par des pièces authentiques, d'après les conclusions du ministère public et l'avis des conseillers à la cour souveraine, nous, père des dieux et roi des mortels, nous sommes décidé d'arrêter et arrêtons ce qui suit : Le globe terrestre sera rayé du nombre des autres planètes de l'éther. Vu sa parfaite inutilité, il sera réduit par notre toute-puissance en cent mille millions de milliards d'éclats, qui iront grossir les tourbillons déjà existants de la matière. Ce décret sera enregistré et conservé, en mémoire et pour un exemple de notre immuable justice, dans les protocoles de l'Olympe, *servatis servandis*, etc., etc. »

Astrée prend alors la parole, et se permet de faire observer qu'il est d'usage et d'après tous les principes de la justice, qu'avant qu'on prononce et qu'on inflige une peine quelconque, on écoute aussi les prétendus coupables dans leurs moyens de défense ; car il pourrait bien y avoir exagération dans les faits allégués, rancune invétérée de la part des accusateurs, oubli de particularités qui atténueraient, ou ignorance de mérites qui balanceraient peut-être les torts imputés ; que, dans tout jugement, il faut faire droit et à la partie accusante et à la partie accusée, et que, si l'on a prêté une oreille bénévole aux plaintes de la première, il est de toute équité de la prêter aussi aux excuses que la seconde serait dans le cas de produire et de faire valoir. Jupiter trouve fort raisonnable cette observation ; et sur ce que les habitants de la terre, nonchalants et plongés plus que jamais dans leurs débauches, leurs futilités et leurs folies, loin de se pourvoir d'avocat près la cour olympienne, ne se doutent même pas qu'il s'agit là-haut de leur anéantissement éternel, Astrée, qui a bien prévu cet incident et qui se trouve par conséquent leur en avoir donné un d'office, le fait appeler du coin de la salle où il se tient modestement tapi, et, après avoir pris les ordres du souverain juge, elle lui ordonne de commencer sa harangue.

C'est Momus qui est, par extraordinaire, chargé de ce rôle important. Il s'incline respectueusement devant le conseil, et commence avec une certaine timidité son plaidoyer. Il se plaint d'abord de l'amertume que les habitants des autres planètes ont mise à dénigrer, à calomnier ses clients de la terre, sans réfléchir que ceux-ci n'ont pas, en fin de comptes, la multiplicité et la perfection de sens, et le haut degré d'intelligence dont les premiers jouissent, comme un érudit gaulois, nommé *Voltaire*, l'a vérifié et démontré dans je ne sais lequel de ses ouvrages. Il passe ensuite à faire remarquer à la cour souveraine la grande différence qui existe entre ce que la terre, en général, était, il y a quatre ou cinq mille ans, et ce qu'elle est actuellement, quant à la civilisation ; il s'efforce de constater la validité des mérites que plusieurs de ses peuples ont acquis aux yeux de l'univers, par rapport à différents objets d'utilité générale ; il donne l'énumération de leurs hauts faits en guerre, en politique, en législation, en économie publique et en finances ; il parle de leur activité, de leur industrie, de l'étendue de leur commerce, de la multiplicité de leurs communications et de leurs rapports, même à des distances immenses. Il s'évertue à préconiser les prodiges des arts modernes, et les progrès surprenants de la chimie, de la médecine, de la mécanique, de l'optique, de l'astronomie, de la navigation; il fait mention de coupement d'isthmes, d'aplanissement de montagnes , d'ouverture de canaux navigables, de tracement de grandes routes jusqué dans le sein de la terre , au - dessus et au-dessous de monts escarpés , au-dessus et au-dessous de rivières rapides , de construction de vastes citadelles flottantes , d'érection de longues murailles et de grands édifices, qui semblent disputer en hauteur avec les nues , et d'autres pareils ouvrages gigantesques, imaginés et exécutés tous par des peuples qu'on s'obstine à regarder comme encore sauvages, méprisables et malheureux. Mais l'article sur lequel il s'extasie le plus , c'est la manière qu'on a trouvée et qu'on s'est empressé d'encourager et de mettre à profit, de tuer lestement les hommes, d'un côté; de les faire voler par l'air, marcher rapidement par terre , naviguer de tout temps par eau, de l'autre, à l'aide d'une simple vapeur. C'est là, sans contredit, s'écrie-t-il, le comble de la hardiesse, le *nec plus ultra* des conceptions du génie humain.

Pour ce qui regarde les gouvernements par lesquels ces mêmes peuples veulent bien se laisser régir, il est de la plus insigne fausseté , comme on ose l'assurer , ajoute-t-il , qu'ils soient égoïstes , insouciants, peu capables de diriger les destinées des États, et qu'ils aient, par conséquent, peu à cœur les intérêts et le meilleur être de leurs administrés ; puisque , au contraire, ils se donnent tous les soins possibles pour les maintenir , bon gré , mal gré , tranquilles , patients et soumis. Ils ont , en outre , perfectionné la statistique au point qu'en un clin d'œil , et à l'aide de quelques chiffres , ils connaissent exactement le nombre, l'âge, le sexe , la condition , la profession, le degré de fortune et les ressources particulières de chacun d'eux , ce qu'ils possèdent , ce qu'ils peuvent gagner , et, par contre-coup, ce qu'ils sont en état de payer en contributions ordinaires et extraordinaires, par an, par mois , par jour , par heure , par minute même. Il est pareillement faux et calomnieux qu'en général ces gouvernements se donnent peu de peine de les dégrossir , les éclairer et les policer ; car, quant au premier article , en ne discontinuant pas un instant de les sucer par l'énormité et la complication des tributs en tout genre , ils les ont tellement dégrossis , ou, pour mieux dire , charitablement exténués et allégés , qu'ils ne ressemblent désormais qu'à autant de réunions de larves ambulantes. Pour ce qui concerne le second article, on connaît bien la quantité immense de gaz que ces mêmes gouvernements bénins consomment aujourd'hui pour l'*éclairage* des rues, des places, des carrefours , des théâtres, des caves et des souterrains mêmes ; et , quant à la *police*, ils en ont introduite une parmi eux , surtout en Europe , qui ne les perd pas de vue un seul instant, qui s'occupe toujours d'eux , et qui pousse ses soins maternels jusqu'à se mêler , pour leur plus grand bien sans doute, de toutes leurs affaires, de toutes leurs opérations , de tous leurs discours , leurs secrets , leurs pensées, leurs désirs, etc. , et qui, par le moyen de ses nombreux affidés et salariés , parvient à connaître à la minute, et d'un bout à l'autre d'un État, quelqu'étendu qu'il soit, quand les heureux administrés se lèvent , quand ils se couchent, quand ils s'assoient à table , quand ils vont à la chaise percée , et quand. . .

De grands éclats de rire, qui partent de tous les coins de la salle olympique , interrompent le discours du facond orateur , qui s'est peu à peu échauffé , et le font rester interdit et stupéfait, comme un homme qui trouve étrange qu'on se permette de rire lorsqu'il est question d'un sujet fort sérieux. Ah! Momus, Momus! s'écrie Jupiter, de son fauteuil , tout en riant comme les autres immortels : ce n'est pas sans raison qu'on t'a nommé le dieu des ris et de la satire; car, au lieu de plaider ici pour la disculpation et la défense de l'espèce humaine, tu ne fais que la satiriser horriblement, et la rendre par là , à nos yeux , encore plus coupable qu'elle ne l'est déjà. Au reste , poursuit le maître des dieux en reprenant son ton grave , nous voulons bien convenir, avec toi , que les habitants de la planète , ta cliente, sont fort avancés dans les arts de commodité , et même dans ceux du goût; qu'ils habitent à présent des palais somptueux, au lieu de huttes et de chaumières; endossent des habits magnifiques , au lieu de peaux de bêtes ; se font traîner dans des carrosses élégants ,

au lieu de vilaines charrettes fourrées de paille.
Nous reconnaissons qu'ils ont force tableaux, sta-
tues, dorures, meubles en acajou et services en
vermeil et en porcelaine. Nous savons également
les progrès qu'ils ont faits dans quelques sciences,
qui, cependant, ne sont pas toutes également utiles ;
la manière par laquelle ils sont parvenus à deviner
le retour de nos comètes, à mesurer la grandeur et
les distances de nos astres, à paralyser nos foudres, à neutraliser nos grêles, à imiter nos glaces,
nos tonnerres et nos tremblements de terre, à tirer
tout le parti possible et compatible avec leurs
moyens, des substances minérales, végétales et
animales ; nous connaissons comment ils ont réussi
à transmettre leurs pensées à de grands éloigne-
ments, ainsi qu'à faire des travaux étonnants, à
voler, à voyager, à fendre la mer liquide, à s'entre-
tuer, à l'aide de quelques vapeurs. Nous avons
même entendu dire quelque chose de leurs isthmes
de Panama, de Suez, de Corinthe, qu'ils ont depuis longtemps l'intention de couper, ou, au
moins, de sillonner par des canaux de communi-
cation ; de la réunion de la mer Baltique à la mer
Germanique, en Suède, par des canaux souterrains ; de leur canal du Languedoc, en France ; de
leur navigation sur les montagnes de Bridgewater,
en Angleterre ; de leur *tunnel* sous la Tamise, à Lon-
dres ; de leurs routes spacieuses sur le sommet des
Alpes, en Italie ; de leurs rivières artificielles, en

Allemagne , en Russie, à la Chine, en Amérique. Cette audace, cette activité, cette constance, tant d'efforts et de travaux pour améliorer leur sort, leur font honneur sans doute, et nous ne pouvons que les applaudir. Mais, du côté des mœurs, nous te demandons , et dans la direction de leurs passions , ont-ils fait de l'avancement ? Le culte des dieux, qui devrait être aussi pur que la lumière qui émane de nous , est-il chez eux dépouillé de toute superstition , est-il exempt de toute jonglerie, de toute erreur, de tout abus? La morale, qui n'est certes pas celle des prêtres, s'y est-elle améliorée? Le véritable droit des gens, qui diffère beaucoup de celui des diplomates anglais ou allemands, est-il reconnu , admis et respecté par la généralité de leurs gouvernements? La manie des guerres et des conquêtes s'est-elle assoupie sur la terre ? L'humanité, la philanthropie, la justice , y ont-elles cessé d'être des noms vains et chimériques? Le mérite y est-il encouragé, le vice y est-il puni , l'esprit de fourbe, d'intrigue et de chicane y est-il comprimé ? Et les mortels , à tout prendre, sont-ils aujourd'hui moins égoïstes , moins perfides, moins brutaux, moins sanguinaires, qu'ils l'étaient il y a des siècles , et méritent-ils par là qu'on les ménage et qu'on leur pardonne ? Parle , réponds ; qu'as-tu à dire là-dessus ?

Comme Momus, qui ne se trouve pas préparé sur cette matière , et que la gourmade inattendue du monarque des Cieux a encore plus interdit et troublé qu'il n'avait l'air de l'être quelques minutes auparavant, ne profère plus aucun mot et se tient parfaitement en silence, on en conclut que le plaidoyer est fini et que le procès des mortels est perdu, et on procède par conséquent aux opérations ultérieures. Déjà les membres du conseil ont donné leurs voix ; déjà Jupiter a pris en main son style adamantin pour signer le décret proposé par Némésis, lorsque la déesse au nez aquilin et aux joues couleur de rose, Minerve, qui fut jadis la protectrice d'Athènes, et qui l'a de tout temps été des hommes de lettres, des personnes de bien et des honnêtes gens en général, s'avance dans la salle, se présente devant son auguste père, et n'osant par modestie et révérence le regarder en face, elle lui dit d'un ton de voix soumis et tendre en même temps : Oh grand recteur de l'Olympe ! s'il est vrai que je suis née de ton cerveau, et que je suis ta fille chérie, comme tu veux bien m'appeler ; s'il est constant que par ta nature tu ne hais pas les hommes, parce qu'ils sont ton ouvrage et tes sujets, et que tu t'es longtemps plu à vivre parmi eux ; s'il est également hors de doute que tu t'occupes sans cesse d'inspirer dans l'ame des puissants de la terre, et même dans le cœur dur et pétrifié des prêtres qui l'encombrent et la souillent partout, l'amour de la justice, de la concorde, de la charité et de la bienfaisance, je te supplie humble-

ment, avant de prononcer l'arrêt fatal de l'anéantissement des hommes, de te souvenir que plusieurs d'entre eux jouissent de ma protection
spéciale, et qu'ils ne s'en montrent pas indignes.
Pardonne en grâce, et par égard pour eux, au
reste des chétifs humains, qui sont loin de leur
ressembler. Peut-être la mémoire, toujours vivante,
et l'exemple puissant de leurs vertus, pourront-ils
les porter à résipiscence, leur donner l'envie de les
imiter, d'acquérir les mêmes mérites, et de se
rendre ainsi dignes, à l'avenir, de tes regards fa-
vorables et de tes bontés magnanimes. Fléchis-toi
un peu, mon père, apaise ta juste indignation,
et sois sensible moins à mes prières qu'à l'interces-
sion de tant de personnages insignes et respectables
qui, en ces derniers temps, ont illustré leur siècle
et leur patrie respective. Une députation d'entre
eux, que j'ai en toute hâte envoyé prévenir dans
leur demeure actuelle aux Champs-Élysées, du
danger imminent de leurs compatriotes, est maintenant à la porte du conseil et demande audience.
Si tu veux m'en accorder la permission, je vais
ordonner qu'on les introduise en ta présence ; ce
sera à eux à faire le reste auprès de ton cœur
naturellement indulgent et généreux.

Jupiter qui, pour les raisons que nous avons
déjà indiquées, n'est pas mécontent qu'on le prie
sur une chose qui ne lui est pas désagréable, mais
qui, jaloux des droits de la Justice, ne veut don-

ner aucune marque de partialité, regarde tendrement sa fille charmante, lui sourit avec grâce, et reste nonobstant indécis et silencieux. La déesse de la paix interprète favorablement pour la cause de ses protégés ce sourire et ce silence : il ne lui en faut pas davantage. Sans prendre ou attendre aucun ordre, elle court, elle vole à la porte de la salle, la fait ouvrir, et introduit, présente elle-même devant le trône de Jupiter les membres de la députation, qui se prosternent tous aux pieds du terrible dieu du tonnerre.

Ce sont à peu près une cinquantaine d'individus, la plupart des hommes qui, pendant le court séjour qu'ils ont fait sur la terre, se sont rendus illustres par leurs talents et recommandables par bonté de cœur ; qui se sont distingués par la pureté de leurs mœurs, par leur désintéressement, par leur zèle pour le bien-être de la société humaine ; qui se sont constamment exercés à des actes de charité et de bienfaisance envers les malheureux ; qui n'ont pas cessé un instant d'éclairer les autres hommes et de leur conseiller l'accomplissement des devoirs, l'exercice des vertus sociales et l'amour de leurs semblables ; qui enfin ont enduré des maux et des persécutions horribles par leur attachement à la vérité et à la justice, ou pour défendre aux yeux du despotisme les intérêts de l'humanité souffrante. On remarque parmi eux Las-Casas, Malesherbes, Bossuet, Fénelon, Helvétius, La Rochefoucauld, le

chancelier de l'Hôpital, Morus, Penn, Washing-
ton, Vincent-de-Paule, Howard, Grotius, Hofwill,
Camille de Lellis, Beccaria, Alphonse de Liguori,
Giannone, Charles-Borromée, Bernard de Mantoue,
l'Égyptien Saïd-Bey, l'Arabe Ben-Aïssa et quelques
autres asiatiques. Jupiter, qui a une parfaite connaissance de leurs personnes, ainsi que de leurs
louables actions et de la plus ou moins grande inté-
grité de leurs mœurs, les reçoit avec bonté, s'em-
presse de les faire lever, et se montre disposé à écouter leurs représentations. Las-Casas, comme un des
plus respectables ou du moins des plus faconds parmi eux, prend la parole pour tous, et de la même
manière qu'il haranguait jadis pour la défense des
malheureux Américains devant Ferdinand V et Isa-
belle sa femme, il plaide devant le souverain juge
des rois et des peuples, mieux que Momus ne l'a
fait, la cause du genre humain en général. Son discours est simple et sans apprêt, mais serré, élo-
quent, persuasif. Il tâche de donner la tournure
la moins désavantageuse aux faits allégués, sans
cependant les atténuer ou les excuser, pare à toutes
les objections qu'on pourrait faire, s'en prend
moins à la méchanceté naturelle des hommes
qu'à leur ignorance, ainsi qu'aux circonstances
des temps et des lieux; fait espérer qu'à l'avenir et à force de bons exemples ils deviendront
meilleurs, et finit par supplier le grand Jupiter de
daigner avoir pitié d'eux, et de les tolérer encore

pour quelque autre temps, par l'effet seul de sa bonté et de sa clémence souveraine.

Le maître des dieux, quoiqu'à moitié fléchi, continue nonobstant de se montrer dur et inexorable ; il fait connaître qu'il est obligé de donner aux habitants des autres planètes qui seraient dans le cas de mériter aussi des mesures de rigueur, un exemple péremptoire et mémorable de la vengeance céleste, et que rien ne peut empêcher que la race humaine ne disparaisse à jamais de la face de l'univers. Les prières en ce moment-là redoublent, et des larmes même coulent abondamment des joues décharnées de ces hommes vénérables. Tous les dieux et les déesses de l'Olympe, pour faire chose agréable à Minerve, entourent le trône du grand Être et unissent leurs supplications particulières à celles des députés. Toute la cour céleste s'intéresse pour les habitants de la terre. La salle retentit de sanglots d'un côté, de sollicitations et de prières de l'autre. Enfin, et après bien des instances, des protestations et des pleurs, on arrête qu'en grâce des mérites de quelques centaines de mortels vertueux et très-estimables, qui honorent leur espèce, on différera encore de cinquante ou soixante ans la destruction du globe terrestre ; que si, au bout de ce temps-là, ses habitants ne se sont pas ravisés, et n'ont pas changé de mœurs et de conduite, et surtout s'ils ne se sont pas empressés de réformer leurs pactes sociaux, de manière à les rendre plus conformes à la dignité de l'homme et aux lumières croissantes du siècle, ils seront infailliblement anéantis, et qu'au plus tard la terrible comète de 1680, dont on attend le retour vers l'an 1892, en fera ample et péremptoire justice.

Alors le dominateur des Cieux se lève, salue tout le monde avec dignité, puis, précédé par Iris, Hébé, Ganymède et Mercure, suivi par les Grâces, et, jusqu'à une certaine distance, par la foule des courtisans, se retire dans les appartements de saphir de Junon, sa femme, en laissant après lui une odeur suave d'ambroisie : et l'assemblée est et reste dissoute.

CONCLUSION DES ÉDITEURS

———

Nous ne saurions présager, au juste,
l'impression que sera dans le cas de faire
sur la généralité des esprits, ainsi que les
suites que pourra amener la manifestation
du terrible arrêt du tribunal olympien dont
il est parlé plus haut. Il semble toutefois plus
que probable, et on devrait bien en convenir avec nous, que l'auguste déesse protectrice des Athéniens, qui a paru comme
médiatrice devant la cour céleste, n'aura
pas intercédé et fait intercéder en vain, en

faveur des malheureux habitants de la terre, et que le grand recteur des Cieux, ayant accordé un sursis à leur punition exemplaire, sera loin de les trouver ingrats à ses miséricordes. Il faut espérer que la plupart d'entre eux, mieux avisés, et à l'effet de conjurer l'orage qui gronde au loin et d'échapper à l'effrayante catastrophe dont ils sont menacés dans quelques années d'ici, se hâteront de rentrer dans les voies de la sagesse, de la modération et de la justice, desquelles ils avaient commis la faute de s'écarter plus ou moins.

D'après cette supposition, que nous ne trouvons ni trop étrange ni hasardée, tous les honnêtes gens qui ont à cœur le bien-être de l'espèce humaine, sont fondés à croire et à espérer que l'aspect politico-moral du globe va bientôt changer en mieux, et qu'autant on avait eu en quelque sorte juste raison de s'alarmer et de se récrier sur la corruption presque universelle, sur les excès réprouvables, les iniquités et les abominations de toute espèce des temps passés, autant on sera charmé du retour

presque unanime de tous les mortels à des
sentiments de vertu et d'honneur qui doivent les préparer à un meilleur ordre de
choses pour les temps à venir.

En effet et avant tout, nous n'en doutons
pas, on aura la douce satisfaction de voir que
la liberté politique, ce premier des biens, a
fait le tour du monde et déployé son influence bienfaisante sur toutes les contrées
qui se seront empressées de la reconquérir;
que les grandes masses sociales qu'on ap-
pelle nations, ayant reconnu, recouvré ou
assuré, par l'effet d'une civilisation progres-
sive, la plénitude et le libre exercice de leurs
droits imprescriptibles, fières de leur sou-
veraineté et jalouses de leur indépendance,
ne sont plus tentées de disputer ces mêmes
droits, de contester cette indépendance à
d'autres nations leurs voisines, quel que soit
le degré de puissance relative de chacune
d'entre elles; que les différents gouvernements qui régissent ces grandes masses ,
revenus de leurs velléités ambitieuses, et ne
s'occupant plus de projets d'envahissement,
de guerre et de destruction au dehors, bor-

nent tous leurs soins, tournent tous leurs efforts à former, à accroître la félicité de leurs administrés respectifs au-dedans.

On doit, d'un autre côté, s'attendre à voir que l'opinion, cette souveraine de l'univers et dont les rois eux-mêmes sont les premiers sujets, autant éclairée que dégagée de toute contrainte, a mis à l'unisson tous les hommes, et comme individus et comme peuples, pour ce qui regarde l'affermissement définitif de leurs rapports sociaux; que la presse, qui est le principal, le plus puissant organe de cette opinion, et qui doit à la longue et vu la grande impulsion qu'on vient de lui donner, accomplir la civilisation du globe, n'est plus, comme elle l'a été jusqu'à ces derniers jours, en butte aux susceptibilités de pouvoirs ombrageux, aux caprices de ministères impudents, aux tracasseries de parquets serviles et sans résipiscence; et surtout que les *procès absurdes*, sous le poids desquels on s'acharne maintenant à l'étouffer, et qui tournent à la honte d'un siècle qui ose se vanter d'être en voie de progrès, ne trouvent plus d'accueil aucune part, ou

bien qu'ils sont empreints, avec leurs pro-
moteurs et auteurs, du sceau de la réproba-
tion de tous les hommes raisonnables de la
terre.

On aura, en outre, le plaisir de remarquer, la condition des temps s'améliorant
de jour en jour, que le véritable droit des
gens est admis et respecté partout; que la
paix est généralisée et consolidée à l'exté-
rieur, ainsi que l'harmonie et la concorde
à l'intérieur de chaque Etat policé; que
tous les moyens sont mis en œuvre pour
augmenter le bien-être des peuples; que
tout talent utile est apprécié; que toute espèce de mérite trouve des encouragements;
que toute action éclatante, qui a pour ob-
jet l'utilité publique, a son tribut d'éloges;
que tout service rendu à l'Etat obtient sa
récompense; que le savoir, le patriotisme, la
noblesse des sentiments, le désintéressement
et l'exercice des meilleures vertus sociales,
plus que la naissance, la richesse, les ti-
tres, les liens ou les rapports de caste et
l'esprit d'intrigue, sont respectés et se con-
cilient l'admiration universelle.

Oh! c'est bien alors, tous ces changements ou arrangements venant à s'effectuer comme on l'espère, qu'Astrée daignera, ainsi qu'autrefois, redescendre sur la terre pour y régner; c'est bien alors que l'âge d'or y renaîtra, et que la félicité y sera, pour ainsi dire, à l'ordre du jour; c'est bien alors, enfin, que, sans aucune crainte d'une destruction prochaine, les nombreux habitants de la planète terrestre pourront se livrer aux rêves agréables d'un avenir de plus en plus prospère, et que tout marchera pour le mieux dans le meilleur des mondes possible...... *Faxint Superi!*

FIN.

IMPRIMERIE DE A. HENRY, RUE GIT-LE-COEUR, 8.